AF470127

UNE BELLE AME!

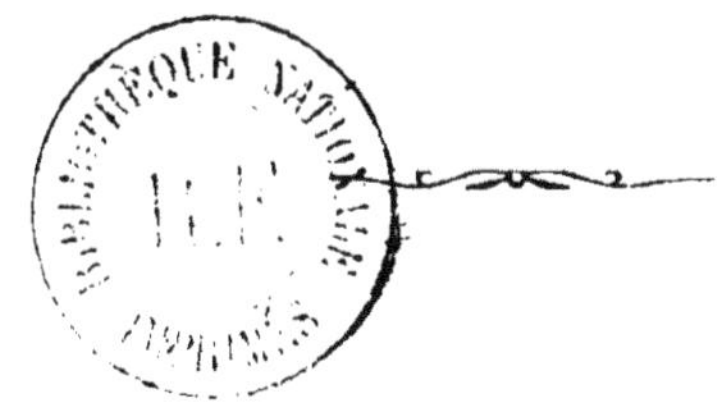

MADAME BLANC-ROUSSEL

TERTIAIRE DE SAINT-DOMINIQUE

BRIOUDE
IMPRIMERIE A. WATEL
PLACE AUX TOILES

—

1891

Permis d'imprimer.

G. DE PÉLACOT,

Vicaire-Général.

UNE BELLE AME!

Ainsi croyons-nous pouvoir désigner celle à laquelle nous sommes bien aise de rendre un juste hommage dans les lignes suivantes consacrées à sa mémoire. Il s'agit de Madame Blanc-Roussel, tertiaire de Saint-Dominique, qui s'endormait, à Brioude, dans la paix du Seigneur, le 8 février 1890, à l'âge de 69 ans, laissant après elle le parfum des plus admirables vertus. Cette humble existence, de fait, pour n'avoir point eu l'éclat qui s'attache parfois à certaines vies édifiantes, mises davantage en évidence par les œuvres extérieures qui les ont remplies, n'en a pas moins été précieuse devant Dieu.

Madame Blanc-Roussel se recommandait, en effet, à la vénération des siens et des personnes qui l'ont connue, par un ensemble de vertus cachées qui constituent la vraie perfection chrétienne. Pour peu qu'on fût admis dans ses confidences, ou qu'on vécût dans son entourage, on s'apercevait sans peine qu'on était en présence d'une âme excessivement pure, constamment fermée à tout ce qui, de près ou de loin, aurait pu porter atteinte à ce qu'elle considérait comme son plus précieux trésor. Car telle était sa délicatesse de conscience, que, pour éviter une faute, quelque légère qu'elle fût, elle eût volontiers consenti aux plus grands sacrifices. Elle ne concevait pas que la volonté humaine pût jamais se trouver en opposition avec la volonté divine, règle souveraine de toute justice, et la prétendue honnêteté naturelle, si en honneur dans le monde, n'était, pour elle, qu'un masque destiné à couvrir toutes sortes de misères morales.

Cette pureté d'âme, portée à un degré qui n'est pas ordinaire, a été comme la marque caractéristique de Mme Blanc : elle a fait l'honneur et la gloire de sa vie tout entière. En présence d'une telle âme, on pensait malgré soi au cristal d'une onde pure et limpide, qu'aucun mélange ne vient troubler, qu'aucun souffle ne vient rider, et où le ciel se reflète dans toute la pureté de son azur.

L'aliment de cette pureté était, pour Mme Blanc, celui qu'indique saint Paul : *Justus meus ex fide vivit :* Mon juste vit de la foi. On aurait beau faire appel, en effet, à toutes les énergies de la nature, qu'on n'arriverait jamais à maîtriser les forces ennemies qui conspirent contre notre perfection morale. Et d'un autre côté, en dehors de l'ordre surnaturel, où pourrait-on trouver un idéal assez sublime pour servir de but aux nobles aspirations du cœur humain ?

Voilà pourquoi la foi, avec ses clartés célestes, ses divines perspectives, ses principes immuables, était l'atmosphère supérieure dans laquelle vivait et se mouvait Mme Blanc. Elle n'en sortait jamais et ne faisait aucune concession à ce préjugé si commun que, pour vivre dans le monde, il est nécessaire de sacrifier, aux exigences de la vie sociale, quelque chose des principes religieux destinés à gouverner notre vie.

Aussi, dans son entourage, la savait-on incapable de toute lâche condescendance et de toute transaction incompatible avec les droits de Dieu et les devoirs de la conscience chrétienne. La vie, pour elle, n'avait d'autre raison d'être que celle assignée par Dieu et renfermée dans cette courte réponse du catéchisme : Dieu a créé l'homme pour le connaître, l'aimer et le servir, et par ce moyen obtenir la vie éternelle.

Le grand esprit de foi qui animait Mme Blanc n'était pas seulement l'aliment de sa grande pureté de vie, il donnait encore à toutes ses actions et à toutes ses démarches une admirable perfection, grâce à cette autre pureté qu'il entretenait dans son âme et que, dans le langage spirituel, on appelle la pureté d'intention. Ces deux puretés, dont la première a son siège principal dans le cœur, et l'autre dans l'esprit, sont, d'après l'auteur de l'Imitation, comme les deux ailes sur lesquelles l'âme chrétienne s'élève des basses régions de la terre et pénètre dans les hauteurs des cieux, jusqu'au pied du trône de Dieu.

Les motifs humains n'avaient, en effet, aucune prise sur Mme Blanc, et elle ne savait point ce que c'est que de se rechercher en quoi que ce soit. Ne voyant les choses que dans la pure lumière de la foi, et ne les appréciant qu'à la valeur qu'elles pouvaient avoir devant Dieu, tout en elle était inspiré, dicté, dirigé par le seul motif de plaire à Dieu et de faire sa sainte volonté. Cette pureté d'intention, que tous les maitres de la vie spirituelle s'accordent à signaler comme le grand élément de sanctification pour les âmes, était le secret ressort qui mettait en exercice l'activité de Mme Blanc; c'était le baume odoriférant qui parfumait toutes ses actions; c'était le coloris brillant qui donnait à toutes ses œuvres un éclat merveilleux.

Cette précieuse disposition avait pour compagne inséparable, chez Mme Blanc, une profonde humilité. Cette vertu, qui est la pierre de touche de la vraie et solide piété, et qui tient quelquefois si peu de place dans certaines vies réputées parfaites, était si foncièrement établie dans son âme, que toute sa personne en était, pour ainsi dire, imprégnée. Vainement on eut cherché en elle la moindre affectation, le moindre désir de plaire ou de se mettre en évidence. Les mille petits artifices que la vanité du sexe sait si bien mettre en jeu pour attirer l'attention, provoquer une parole agréable, ou faire remarquer ce que l'on croit être les côtés brillants de sa petite personne, lui étaient complètement inconnus.

Soucieuse avant tout de se rendre agréable à Dieu, elle se mettait peu en peine des jugements du monde à son endroit, et s'appliquait à faire sienne cette belle devise de l'Imitation : *Ama nesciri et pro nihilo reputari :* Aimez à être inconnu et à passer pour rien. Elle était humble dans sa mise où ne se glissa jamais la moindre recherche, humble dans ses œuvres, toutes marquées au coin d'une admirable discrétion; humble dans ses paroles, toujours empreintes de la plus grande réserve; humble dans ses pensées, aimant à l'exemple des Saints à se reconnaître indigne des grâces dont Dieu la favorisait et à se regarder comme la plus misérable des créatures. L'humilité, pour Mme Blanc, était d'autant plus naturelle, qu'elle lui apparaissait, ce qu'elle est en réalité, l'expression de la vérité et une question de sincérité.

Ce n'est pas qu'elle n'eût point à lutter contre des tendances adverses. Sa nature énergique et fière, son esprit élevé et cultivé, sa délicatesse exquise, ennemie de toute vulgarité, lui fournissaient matière à de nobles combats, ainsi que permettent de l'affirmer certaines confidences faites à sa fille, dont celle-ci a eu l'obligeance de nous faire part. Mais sa vertu ne sortait de ces luttes intérieures que plus belle et plus épurée.

Voilà pourquoi le Dieu qui résiste aux superbes et donne sa grâce aux humbles, se plaisait à se communiquer à cette âme d'élite complètement vide d'elle-même. Avec quel puissant attrait il l'attirait à lui, et qui pourrait dire les charmes que trouvait cette sainte âme à s'entretenir avec le Dieu de son cœur. Les divers exercices de la piété chrétienne, et, en particulier, le saint exercice de l'oraison mentale, loin de lui être à charge, faisaient son plus doux passe-temps. La

sainte communion, qu'elle recevait presque
chaque jour, quand sa santé le lui per-
mettait, faisait ses plus chères délices.
Son âme s'y retrempait dans la force et
y puisait une vigueur nouvelle pour les
saintes exigences du sacrifice chrétien et
les austères devoirs de la vie de famille.

Car cette âme, qui entretenait un com-
merce habituel avec le ciel, ne vivait pas
seulement pour Dieu ; elle vivait aussi
pour les siens, et rien de ce qui les con-
cernait ne lui était étranger. Sa sollicitude était même d'autant plus active et
empressée, son affection d'autant plus
vive et profonde, qu'elles avaient leur
source dans le cœur même de Dieu, d'où
elles sortaient plus pures et plus dégagées
des éléments terrestres qui auraient pu
les vicier ou leur donner une fausse di-
rection.

Les membres de l'honorable famille,
dont elle était comme l'ange tutélaire,
le savaient parfaitement et appréciaient,
à sa juste valeur, le trésor que le ciel
leur avait confié. Ils sont tous là, du
reste, comme la manifestation vivante et
authentique de la bienfaisante influence

exercée, pendant de longues années, par
cette épouse choisie, par cette mère vrai-
ment digne de ce nom, qu'entouraient le
respect, la vénération, l'affection de tous,
et qui semblait être l'âme de cette maison
tant le vide qui s'y est fait, depuis qu'elle
a disparu, paraît profond et difficile à
combler.

·Les apparences extérieures, il est vrai,
révélaient peu chez Mme Blanc ce qu'il y
avait de tendresse et de bonté en elle.
Cependant, « *sous des dehors* un peu froids,
se cachaient toutes les ardeurs des tro-
piques » : c'est elle-même qui l'écrivait à
sa fille, fin 1868. Elle avait, en effet, un
cœur aimant et dévoué à l'excès, jusqu'à
l'oubli complet de ses aises, de son repos,
de tout retour sur elle-même.

Toutefois, sa sollicitude pour ses enfants ne fut pas seulement tendre, active,
infatigable, elle fut encore éclairée. En
donnant à leurs corps mille soins ingé-
nieux et nécessaires, elle cultiva surtout
leurs âmes. Celle de son fils aîné, à six
ans, était mûre pour le ciel où elle s'en-
vola. Qui pourrait dire les déchirements,
les larmes des pauvres parents devant ce

premier berceau vide. Vingt ans après, ils pleuraient comme au premier jour ce cher ange enlevé à leur tendresse, mais ils le pleurèrent en chrétiens, offrant à Dieu ce douloureux holocauste et se détournant de la tombe chérie pour regarder le ciel.

Ils avaient offert les prémices : le petit être arraché de leurs bras, où il n'avait connu de la terre que les caresses et les sourires, était transplanté dans les jardins du Père de famille. Mais d'autres fleurs restaient au foyer; il fallait aussi les soigner, les faire grandir, les rendre dignes de celle qui les avait précédées au paradis; il fallait les former pour les combats de la vie.

L'aile maternelle les abrita, presque uniquement pendant la première enfance et jusqu'après la première communion. Premiers éléments de l'instruction, formation de la conscience et du jugement, élans de la piété, furent principalement son œuvre : et lorsqu'elle crut avoir besoin d'aides pour continuer et achever cette éducation si bien commencée, elle sut faire choix de maîtres dignes, en tous points, de la tâche qu'elle leur confiait. Son époux rivalisa avec elle de générosité et de sacrifices, pendant de longues années, pour le perfectionnement intellectuel et moral des êtres qui leur étaient si chers. De loin, comme de près, ils suivaient attentivement les progrès, les luttes, les défaillances des jeunes absents, et leur plume, à défaut de leur voix, les encourageait, les conseillait, les excitait par des paroles à la fois tendres et fortes, simples et chrétiennes.

Les terribles événements de 1870-1871 allaient réunir la famille, mais pour peu de jours. Si jeune qu'il fut encore, le fils qui restait, partait pour défendre son pays. Ce que furent ces mois d'attente, de désolation, d'angoisse, où toute la France agonisait, Dieu le sait, et seul il a pu compter les larmes, les prières, les sacrifices de la pauvre mère qui, en même temps, était obligée de soutenir et de consoler le noble cœur que faisaient saigner, à ses côtés, les malheurs de la patrie et les dangers courus par son fils pendant le second siège de Paris.

Le jeune soldat revint enfin tout noir

de poudre, les vêtements en lambeaux,
le cœur déchiré de l'affreux spectacle
qu'il venait d'avoir sous les yeux, alors
que la grande ville était livrée aux fureurs
d'une soldatesque en délire aimant à se
repaître d'incendie et de carnage.

Mais avec ce retour tant désiré, la joie
ne fut pas entière au foyer domestique.
Le chef de la famille, un instant ressus-
cité et rajeuni, avait subi un choc trop
violent. Une terrible maladie, qui lui réservait de longues années de souffrances,
se déclara à la suite de toutes les transes
par où il venait de passer. L'épouse ne
fut pas inférieure à la mère. Tout ce que
l'amour conjugal peut inspirer d'héroïsme,
de dévouement, de soins empressés et
persévérants, fut dépensé jour et nuit au
chevet du cher malade, jusqu'à ce que
celui-ci eut repris le dessus sur le mal
redoutable qui avait mis ses jours en
danger.

Pendant la période que nous venons
de décrire, et au cours des années qui
suivirent la guerre, la famille s'était
augmentée de nouveaux membres. La
sainteté de Mme Blanc avait attiré la bé-

nédiction de Dieu sur ses enfants. Par une union très honorable, elle envoyait sa fille dans son pays natal, pour lequel elle gardait une attache si forte qu'aux derniers mois de sa vie elle le décrivait encore d'une façon touchante et émue dans une dernière lettre à cette enfant si souvent séparée d'elle.

Faisant allusion à une réunion de famille dont elle devait rester absente, et enviant le sort de ceux qui devaient y prendre part, elle écrivait avec son cœur : « Ils vous verront, vous embrasseront, s'entretiendront avec vous ; ils salueront mes belles montagnes et mon clocher, s'agenouilleront dans ma chère église gothique ! Et moi, je reste ! Mais puisque Dieu le veut ainsi, ce doit être la meilleure part, et nous nous retrouverons dans les cœurs de Jésus et de Marie. »

Elle avait fait le sacrifice de sa fille ; son fils lui resta. Longtemps il avait rêvé des situations qui devaient l'éloigner du foyer paternel ; mais au moment de prendre une décision, l'amour filial le retint et la récompense ne se fit pas attendre. Elle lui fut accordée dans le don providentiel d'une compagne pleine de mérites.

Gracieuse et charmante, simple et modeste, aimante et dévouée, intelligente et sérieuse, mûrie en outre par le malheur qui l'avait privée de bonne heure des caresses d'une mère, formée à l'école d'une aïeule vénérable entre toutes, dotée d'une éducation soignée et solidement chrétienne, telle se présentait la jeune épouse qui venait prendre, au sein de la famille Blanc, une place qu'elle a si bien occupée depuis. En s'identifiant pleinement à sa nouvelle famille, en lui faisant goûter le charme d'une affection pure et désintéressée, et d'un dévouement inaltérable, elle a su s'en faire chérir et apprécier au-delà de toute expression.

Une nouvelle génération avait surgi à ce nouveau foyer abrité par celui des vieux parents, et la joie de la grand'mère eût été trop complète, si la maladie ne fût venue mettre des entraves à son bonheur. Car elle aimait passionnément la vie de famille et lui consacrait tout le temps dont elle pouvait disposer, n'accordant au monde que quelques heures fugitives réclamées par les bienséances sociales. Tous ses goûts, d'accord en cela avec les exigences de sa santé, avaient toujours été pour la vie calme, tranquille et retirée qu'elle trouvait dans son intérieur de maison.

L'ordre le plus parfait régnait dans cet intérieur : rien n'échappait à la vigilance de celle dont l'autorité forte et douce à la fois, s'imposait d'elle-même à tous. Elle apparaissait au milieu des siens semblable à la femme-type dont l'Esprit-Saint trace le portrait au Livre des Proverbes.

C'était bien la femme forte, en qui se confiait, en toute sécurité, le cœur de son époux, d'autant plus affligé maintenant de la perte de ce puissant appui, qu'il est seul à porter la croix bien lourde d'une longue et cruelle infirmité.

C'était bien la femme forte, au sens droit et sûr, dont les lèvres s'ouvraient pour donner passage aux paroles de la sagesse et qui avait toujours un bon conseil à donner à quiconque avait recours à ses lumières et à son expérience.

C'était bien la femme forte dont le

cœur charitable et compatissant s'apitoyait sur toute misère et dont les mains aimaient à s'étendre vers le pauvre et l'indigent, heureuse de donner, en toute occasion, une consolation fortifiante, un secours généreux.

C'était bien la femme forte, qui repoussa toujours l'oisiveté comme une honte, et se fit une loi constante, tant que sa santé le lui permit, d'appliquer ses doigts à un travail utile et sérieux, dédaigneuse de tous ces passe-temps frivoles et souvent dangereux, qui absorbent, chez un trop grand nombre de personnes de condition, la meilleure partie de leurs journées.

C'était bien la femme forte, qui, par une sage gestion des affaires domestiques, sut, de concert avec un mari intelligent et laborieux, procurer à sa maison une honnête aisance et faire face à toutes les charges de sa condition.

C'était bien la femme forte, dont la plus noble ambition fut de laisser après elle une postérité héritière de son esprit et de ses vertus ; et cette postérité n'a qu'une voix aujourd'hui pour dire com-

bien elle est heureuse d'avoir été formée
à si bonne école.

Hâtons-nous cependant de faire remarquer que, par un contraste singulier et
non des moins heureux, dans cette âme
vigoureuse et fortement trempée, essen-
tiellement ferme pour la pratique des
devoirs journaliers et l'observation du
règlement sévère qu'elle s'était imposée,
s'épanouissait une poésie charmante et
délicieuse, dont les élans improvisés ra-
vissaient ceux qui en étaient les confidents.

Assistait-elle à quelque belle cérémonie
religieuse, elle exultait de voir glorifier
par les splendeurs du culte, comme par
le recueillement et les pieuses ardeurs
de la foule, le grand Dieu du ciel et de
la terre. Une parole éloquente, la récitation des prières les plus simples, comme
l'oraison dominicale, l'acte de charité, la
contemplation des beautés de la nature,
des splendeurs du firmament, le retour
des brises printannières et des hiron-
delles, la vue d'une fleur, le chant d'un
oiseau, la jetaient parfois dans une sorte
d'extase et lui inspiraient des élévations
et des accents qui rappelaient le sublime

cantique des trois enfants dans la fournaise, ou les admirables invitations de certains psaumes à toutes les créatures, pour les engager à louer le Créateur, chacune à leur manière.

C'est ainsi qu'en présence des dons précieux dont l'âme de Mme Blanc était enrichie, son époux et ses enfants pouvaient redire, en toute sincérité, avec le Père Lacordaire : « L'intimité de la vie, avec des êtres de choix, est ce qu'il y a sur la terre de plus doux, de plus parfait, de plus semblable à la vie du ciel. »

Enfin, pour que la perfection de cette âme déjà si belle ne laissât rien à désirer, Dieu y ajouta ce qui achève de caractériser les saints, nous voulons dire la souffrance.

De bonne heure, en effet, Mme Blanc connut cette compagne inséparable de la vraie sainteté. La souffrance s'attacha à elle en particulier, en 1876, à l'occasion de la grande maladie de M. Blanc, dont nous avons déjà parlé. Ce ne fut pas sans inconvénients pour sa santé, que l'héroïque femme se dépensa nuit et jour à soigner celui qu'elle voulait à tout prix arracher à la mort. Son dévouement avait fini par obtenir le résultat tant désiré, mais ses forces étaient épuisées. A partir de ce moment, la santé de Mme Blanc, délicate déjà depuis bien des années, et soutenue seulement par une grande énergie, alla en déclinant de jour en jour. L'automne de 1882 y ajouta une fièvre typhoïde dont elle ne se releva, semble-t-il, que par un vrai miracle. Dieu avait entendu les supplications de sa famille et béni les soins dévoués et intelligents dont elle fut l'objet. Il consentait à laisser au foyer son ange tutélaire et réservait un ciel plus beau à des souffrances prolongées qui devaient tourner à un véritable martyre.

La vie ne fut, en effet, conservée à Mme Blanc que pour être usée graduellement par un mal opiniâtre qui ne devait disparaître qu'avec son dernier soupir. Oppressions violentes, crises aiguës, douleurs intenses, malaise continuel, telle fut la part de croix attribuée désormais à Mme Blanc par le divin Maître. Bien loin de la repousser comme une ennemie incommode dont il faut se débarrasser à

tout prix, elle l'accueillit, au contraire,
comme l'envoyée du ciel, destinée à par-
faire sa ressemblance avec Jésus-Christ,
le grand modèle des élus. Elle ne la trouvait importune que lorsqu'elle la condamnait à une retraite forcée et lui rendait
par là impossibles l'accès de la sainte
Table et ses chères visites accoutumées
au Dieu de l'Eucharistie. Encore accepta-
t-elle cette privation qui s'imposait à elle,
principalement pendant les longs hivers
de ces dernières années, avec cette humble
et patiente soumission qui lui était habi-
tuelle.

Elle se dédommageait de ce dur et pé-
nible sacrifice en faisant monter de fréquentes aspirations de cœur vers Celui
qui était son bien suprême, et en lui faisant avec générosité l'offrande constante
d'elle-même. Par cette immolation conti-
nuelle de tout son être sur l'autel de son
propre cœur, elle s'efforçait d'entrer le
plus pleinement qu'il lui était possible,
dans toutes les intentions du Cœur Sacré
de Jésus, objet de son plus ardent amour
et son refuge de prédilection aux heures
de tristesse et d'angoisse.

Le désir qu'elle éprouvait d'accentuer davantage sa dépendance vis-à-vis de ce Roi des cœurs, et la tendre dévotion qu'elle avait pour la Reine du très saint Rosaire, lui valurent une faveur inespérée, nous voulons dire son admission dans le tiers ordre de Saint-Dominique. Cette faveur lui fut proposée en septembre 1881, pendant un séjour assez prolongé qu'elle fit à Ambert, son pays natal. Elle hésita d'abord par humilité et dans la crainte de ne pouvoir assez fidèlement réaliser les conditions imposées par cette forme de vie. Mais quand elle fut bien persuadée qu'elle y trouverait un moyen de plus pour activer l'œuvre de sa sanctification, que de riches trésors spirituels deviendraient son partage, comme membre de la grande et glorieuse famille dominicaine, et que sa santé débile ne serait pas un obstacle insurmontable à l'observation d'une règle relativement sévère, toutes ses sympathies, qui déjà l'attiraient puissamment, se changèrent en un ardent désir de recevoir le saint habit. Il lui fut donné dans une touchante et tout intime cérémonie, par le R. P. Pierre, religieux dominicain, sous le patronage de saint Pierre, martyr, qui s'harmonisait à merveille avec les ardentes et vigoureuses énergies de sa nature.

Cette première initiation accomplie, elle se crut obligée d'apporter encore une longue et sérieuse préparation à sa réception définitive qui eut lieu à Brioude.

Une fois enrôlée dans la sainte milice de la pénitence, elle vit pour elle, dans cette promesse de profession plus parfaite de l'esprit évangélique, un engagement sacré de s'adonner plus que jamais à la pratique des vertus chrétiennes.

C'est que Mme Blanc n'était point du nombre de ces personnes que la fantaisie, la mode, le désir de se faire remarquer et de se donner des airs de piété, portent à embrasser toutes sortes de dévotions, sauf à n'en prendre aucune au sérieux. Toute démarche de ce genre, chez elle, était le résultat de mûres réflexions, présupposait toujours l'avis du directeur de sa conscience, et n'avait d'autre but que de procurer son avancement spirituel. Après cela, on pouvait compter sur son zèle et son exactitude à remplir toutes

les conditions de l'œuvre à laquelle elle
s'était vouée.

Ce fut dans cet esprit qu'elle se déter-
mina à se faire tertiaire de Saint-Dominique, et voilà pourquoi nul plus qu'elle
ne se montra empressée à se pénétrer de
l'esprit de cette importante association,
qui est avant tout un esprit de foi, de
prière et de mortification. Elle en obser-
vait religieusement toutes les pratiques
compatibles avec son pauvre état de santé,
avec cette régularité qu'elle mettait en
toutes choses.

Le Rosaire, cette grande dévotion dominicaine, avec ses enseignements divins
et ses invocations simples et sublimes à
la fois à la Reine du Ciel, avait pour elle
un charme particulier. Elle se plaisait à
l'égrener et le jour et la nuit, soit pour
occuper les loisirs forcés que lui faisait
son état maladif, soit pour remplir les
longues et fréquentes insomnies auxu-
quelles la condamnait le mal dont elle
souffrait.

Parmi les autres dévotions qui attiraient
le plus Mme Blanc, qu'il nous soit permis
de citer la dévotion à Notre-Dame des

Sept-Douleurs, qu'elle avait invoquée dès son bas âge sous le titre de Notre-Dame de Layres, pèlerinage séculaire très en honneur à Ambert. La Vierge du Calvaire attirait irrésistiblement l'enfant élevée dans les larmes. Deux sœurs étaient mortes à ses côtés : l'une âgée de sept ans, l'autre de douze. Elle perdait ensuite sa mère bien-aimée, emportée par une maladie de cœur, qui avait déjà moissonné quatre enfants de sa famille, dont elle était la seule survivante.

Les Ursulines d'Ambert, d'abord, le Sacré-Cœur de la Ferrandière à Lyon, ensuite, abritèrent l'orpheline qui apprit, dans ce dernier asile, à former son esprit et son cœur sur l'esprit et le cœur de Jésus, et y adopta, pour ne plus l'oublier, cette généreuse devise de la vénérable Mère Barat : « Tout souffrir des autres, et ne rien faire souffrir à personne. »

Mme Blanc eut aussi un culte affectueux et tout particulier pour saint Joseph. Le souvenir de l'humble atelier de Nazareth servit à la former à cette vie intérieure qui a été le côté dominant de son existence. C'est à cette même école qu'elle puisa l'amour du travail manuel auquel, ainsi que nous l'avons déjà dit, elle consacrait la majeure partie de son temps.

Saint Jean l'Evangéliste, le disciple vierge et l'ami intime de Jésus, lui était encore excessivement cher. Elle lui emprunta non seulement cette candeur d'âme et cette innocence de vie qui la distinguaient, mais aussi cette charité aimable, simple et douce qui contrastait, on ne peut plus heureusement, avec sa force de caractère. Elle aimait à répéter souvent les paroles favorites de l'apôtre bien-aimé : « Mes enfants, aimez-vous les uns les autres; si vous observez ce précepte, il suffit. »

Elle le goûtait d'autant plus, qu'elle le pratiquait fidèlement elle-même. On ne l'entendit jamais se répandre en reproches durs ou en plaintes amères, et ses conversations n'étaient point de celles qui s'alimentent au détriment de la réputation d'autrui. Pleine d'indulgence pour les personnes, elle excusait et plaignait les coupables, priant beaucoup pour leur conversion et réservant toute son indignation pour le péché qui lui apparaissait comme le souverain mal.

Mme Blanc avait aussi en saint Julien une confiance extraordinaire, augmentée encore par la possession de la fontaine qui porte le nom du glorieux patron de Brioude. C'est dans cette fontaine que, d'après la tradition, fut baignée la tête de l'illustre martyr que la hache du bourreau venait de trancher, pour être de là portée à Vienne comme un témoignage irrécusable de la fidèle exécution des ordres reçus au sujet du disciple de Jésus-Christ.

A cette fontaine, dont les eaux ont été rougies par le sang du soldat martyr, se rattachent donc les plus précieux souvenirs. Objet d'une légitime vénération de la part des habitants de Brioude, qui ont plus d'une fois éprouvé la vertu surnaturelle de son onde fraîche et limpide, on ne peut que se féliciter qu'après avoir été confiée pendant de longues années à la garde des religieux Minimes, elle soit tombée en des mains aussi pieuses et aussi sûres que celles de la famille Blanc-Roussel.

Après saint Julien, saint François de Sales et sainte Jeanne de Chantal étaient les amis privilégiés de Mme Blanc. Le premier l'attirait par son grand esprit de douceur et la seconde par la force d'âme et la mâle énergie qui l'avaient particulièrement caractérisée.

Enfin, pour ne rien oublier, citons encore comme dévotions favorites de Mme Blanc, la dévotion aux saints Rois Mages dont elle avait hérité de son père, mort en leur solennité, et la dévotion à saint Maurice, sous la protection duquel elle avait placé son second fils, dans le but d'obtenir pour lui l'esprit de sacrifice et le courage chrétien qui ont rendu célèbre le chef de la légion thébaine.

Les choses étant ce que nous venons de raconter, l'œuvre de la sanctification de Mme Blanc allait de pair avec les progrès de l'âge, et le trésor de ses mérites s'augmentait de jour en jour. Mais, par contre, sa santé, sous l'influence délétère du mal opiniâtre qui continuait sourdement son œuvre de destruction, allait s'altérant de plus en plus. Plusieurs fois même, sous un choc plus violent de la cruelle maladie, elle avait cru sa fin prochaine. Mais la mort semblait respecter cette précieuse existence, sans doute pour la consolation des êtres si chers qui l'entouraient, et aussi pour donner le temps à cette âme déjà si pure de se purifier encore davantage sous le pressoir divin de la souffrance, et d'acquérir ainsi toute sa beauté.

Elle finit enfin par se présenter. L'épidémie d'influenza, qui sévissait à Brioude l'hiver dernier comme dans le reste de la France, amena dans l'état de Mme Blanc une complication redoutable, et elle comprit que l'heure solennelle était arrivée. Elle n'en fut point effrayée. Sa première pensée fut de demander avec instance les derniers Sacrements, qu'elle reçut avec la plus grande piété. Après cela, elle attendit la mort avec ce calme angélique qui lui était habituel, n'ayant d'autre pensée que de se bien préparer à paraître devant Dieu et renouvelant volontiers le sacrifice de sa vie qu'elle avait déjà fait tant de fois.

Durant les quatre semaines qui précédèrent sa mort, elle fut en proie à d'horribles souffrances; mais jamais la moindre plainte ne s'échappa de ses

lèvres. Toutes les fois que le saint Via-
tique lui fut apporté, ce fut pour elle une
véritable fête : elle ne savait comment
témoigner sa reconnaissance à l'auguste
visiteur caché sous les voiles eucharis-
itques, qui lui apportait, avec sa présence
divine, force et consolation pour son âme.

Après les faveurs célestes, et indépen-
damment des soins affectueux et empressés
dont elle était l'objet de la part de sa
famille, elle appréciait par dessus tout le
bonheur qu'elle avait d'être assistée nuit
et jour par une religieuse de l'ordre
auquel elle appartenait elle-même. La
savoir à ses côtés était pour elle une joie
bien douce et une grande quiétude d'esprit.
Elle ne la voyait s'éloigner qu'avec regret,
et chaque retour de l'ange de la charité
était salué par un sourire qui en disait
long sur la satisfaction de la pauvre
malade. Ce qu'elle estimait dans cette
compagne de son choix, c'était moins les
services matériels, que les bons offices
spirituels qu'elle en recevait ; c'était en
particulier le parfum céleste qui s'exha-
lait pour elle du contact de l'épouse de
Jésus-Christ.

Nous tenons de la Sœur garde-malade qui l'assistait le plus ordinairement, qu'elle ne manqua jamais pendant sa maladie. la double méditation quotidienne qu'elle faisait habituellement. Quelque souffrante qu'elle fut, elle exigeait qu'on lui en lût le sujet.

Le Rosaire était également récité chaque jour en son entier, et elle participait elle-même à cette récitation. Elle puisait dans chacun des mystères dont se compose cet admirable exercice, si cher à la piété chrétienne, comme un baume réparateur et fortifiant pour chacun des besoins de son âme, et l'annonce qu'ils renfermaient pour elle des célestes récompenses qui l'attendaient après toute une vie cachée en Dieu et le douloureux crucifiement qu'elle endurait depuis si longtemps, répandait dans son âme la joie des immortelles espérances. Pleine de confiance aussi en la maternelle bonté de Marie, elle ne pensait pas lui dire en vain, jusqu'au dernier moment : Sainte Marie, Mère de Dieu, priez pour nous, pauvres pécheurs, *maintenant et à l'heure de notre mort.*

Pour donner une idée plus exacte des
saintes dispositions qui animaient cette
âme prédestinée, nous ne croyons pouvoir
mieux faire que de laisser la parole à la
Sœur garde-malade qui est restée près
d'elle jusqu'à la fin. Voici le fidèle récit
qu'elle nous a transmis de tout ce dont
elle a été témoin :

« Pendant les quatre semaines que j'ai
passées auprès de Mme Blanc-Roussel, j'ai
été singulièrement édifiée de toutes les
vertus que j'ai remarquées en elle. C'était
une âme humble, douce, simple et can-
dide. La présence de Dieu était son élément. Tout le temps qu'a duré sa dernière
maladie, pas une plainte n'est sortie de sa
bouche. Les plus cuisantes douleurs n'al-
téraient point la sérénité de son visage et
ne pouvaient en faire disparaître ce doux
sourire qu'elle conserva jusqu'au dernier
soupir et que la mort elle-même ne put
effacer. — Que la volonté de Dieu soit
faite ! Telle était sa devise. — Elle éprouvait par moments de terribles crises d'op-
pression qui duraient plusieurs heures,
et durant ce temps, elle ne cessait de
dire : « O mon Dieu, ô mon Dieu ! je le

veux ainsi parce que vous le voulez. —
Elle n'aurait jamais voulu de soulagement.
Au plus fort de la douleur, et alors que
chacun, dans la maison, s'empressait de
lui procurer quelque adoucissement, ou
du moins lui exprimait, par des témoi-
gnages non équivoques, toute la part que
l'on prenait à ses souffrances : Laissez-
moi faire, disait-elle, le bon Dieu le veut
ainsi : que sa sainte volonté soit faite et
non la mienne. — Je l'entendais répéter
souvent ces paroles : « O mon Jésus,
quand me sera-t-il donné de vous voir et
de vous contempler sans nuage ! Quand
me serez-vous toutes choses ! — Elle me
faisait parfois cette question : Savez-vous,
ma Sœur, combien de temps j'ai encore
à rester sur cette terre ? Et puis elle ajou-
tait : Oh ! qu'il me tarde de mourir pour
m'unir à mon Dieu et l'aimer sans me-
sure ! — Je lui demandai un jour pourquoi
elle parlait ainsi et désirait tant la mort,
quand sa famille éplorée tenait tant à la
conserver, ajoutant qu'il valait peut-être
mieux pour elle de dire simplement : Mon
Dieu, je veux tout ce que vous voulez et
rien que ce que vous voulez. — Voici ce

qu'elle me répondit, en s'humiliant profondément : Ma Sœur, je suis une présomptueuse et une lâche. Je me crois plus parfaite que je ne suis; il me semble que le bon Dieu va me donner le ciel, sans que je l'aie mérité: je suis une lâche, la souffrance m'effraie. — Depuis ce jour, elle ne cessa de répéter ces paroles : O mon Jésus, je veux tout ce que vous voulez, et rien que ce que vous voulez. — Sa patience fut admirable et ne se démentit pas un seul instant. Sa résignation était si parfaite, sa volonté tellement attachée à la croix, que la moindre parole tant soit peu plaintive ne lui échappa jamais. — Il ne sortait de sa bouche que des paroles d'amour ou de pénitence. — Elle fixait souvent les yeux sur son crucifix, et lui disait avec une indicible expression de confiance : Mon Dieu, ayez pitié de moi. »

Enfin l'époux céleste jugea que la purification de cette âme, dans le creuset de la souffrance, était suffisante et qu'elle était mûre pour les récompenses éternelles. Mme Blanc, en effet, épuisée par la maladie qui la minait depuis si longtemps, et par les cruelles tortures des derniers jours, entourée de son époux désolé et de ses enfants en larmes, expira sans secousse aucune, après une courte agonie, et exhala doucement son âme dans les bras de Marie. Son dernier sommeil coïncidait, en effet, avec les tintements de l'Angelus du matin, un samedi. C'était la Reine du Ciel qui souriait à l'âme de sa fidèle servante à l'heure solennelle où elle quittait la terre, car Mᵐᵉ Blanc avait toujours vivement désiré, comme une faveur insigne et un gage d'espérance, de mourir au jour et à l'heure où elle est morte réellement. Aussi, malgré le brisement et le déchirement d'une si cruelle séparation, un calme, une paix ineffable se répandit dans les cœurs affligés qui venaient de recueillir le dernier soupir de celle qui leur était si chère. La modeste cellule dont elle avait fait choix et qu'elle n'avait jamais consenti à échanger pour un appartement plus confortable, se trouva subitement transformée en un vrai sanctuaire où les larmes coulaient moins amères, essuyées qu'elles étaient par une

immortelle espérance. On peut traduire à
ce moment les sentiments de l'époux et
des enfants réunis dans une commune
douleur, par les paroles suivantes de saint
Jérôme : Seigneur, vous nous l'aviez
prêtée pour faire notre bonheur; vous
nous la réclamez, nous vous la rendons
le cœur brisé; mais que votre volonté
soit faite !....

Les funérailles de Mme Blanc partici-
pèrent à la simplicité de sa vie. A part
la solennité de l'office funèbre, elles
n'eurent point ce fastueux étalage de
couronnes que le monde prodigue aujour-
d'hui si facilement à des vies où la vertu
et la religion ont tenu quelquefois si peu
de place. L'honorable famille Blanc, avec
le sentiment si profondément religieux
qui la distingue, avait cru devoir en cela
se conformer aux désirs de la pieuse défunte, estimant, non sans raison, que,
pour le disciple de Jésus-Christ, les couronnes de la terre, quand elles ne sont
pas mensongères, sont bien peu de
chose, et que seules les couronnes du
ciel, attribuées au mérite réel par Celui
qui sonde les reins et les cœurs, doivent

faire l'objet de ses vœux les plus ardents.

Le cercueil de l'humble dame n'eut d'autre ornement que le crucifix, signe de salut, sur lequel elle s'était étudiée à modeler sa vie.

En accompagnant à sa dernière demeure la dépouille mortelle de Mme Blanc, on pensait volontiers à ces paroles du Psalmiste : *Pretiosa in conspectu Domini, mors sanctorum ejus :* Elle est précieuse devant le Seigneur, la mort de ses saints ; et à ces autres du divin Maitre dans son discours sur la montagne : *Beati mundo corde, quoniam ipsi Deum videbunt :* Bienheureux les cœurs purs, parce qu'ils verront Dieu. Voilà pourquoi une personne amie de la famille Blanc, qui faisait partie du cortège, voulant exprimer l'impression produite sur elle pendant la cérémonie des funérailles par le souvenir de la pieuse défunte, disait : Je ne pouvais pas prier pour Mme Blanc ; je me sentais plutôt portée à l'invoquer.

Et maintenant à cet époux doublement affligé, à ces enfants inconsolables que la vénérée défunte a laissés sur la terre, nous nous permettons de dire : Consolez-vous, celle que vous pleurez n'est pas perdue pour vous. Nous avons la douce confiance que son âme si pure est déjà en possession de la gloire céleste, et là-haut, tandis que son regard maternel continue à se reposer sur sa famille bien aimée, elle use du crédit dont elle jouit auprès de Dieu pour faire descendre les plus abondantes bénédictions sur chacun des membres qui la composent, sans en excepter ces chers petits enfants qu'elle aimait à caresser et dont elle cultivait le cœur avec tant de soin.

Consolez-vous, elle vit encore au milieu de vous par son esprit et par le souvenir impérissable des précieuses vertus dont elle vous a laissé le riche héritage, et à tous elle vous dit : Suivez-moi, c'est ainsi qu'on va au ciel, et au ciel, je vous donne rendez-vous pour ne plus nous séparer.

J. M. J.

D.

Imprimerie A. Watel, à Brioude (Haute-Loire).